LE

BRANLE-BAS EUROPÉEN

PARIS

IMPRIMERIE DE L. TINTERLIN ET Cᵉ

Rue Neuve-des-Bons Enfants, 3.

LE
BRANLE-BAS
EUROPÉEN

PAR

ALFRED ASSOLLANT

PARIS

E. DENTU, LIBRAIRE-ÉDITEUR,

PALAIS-ROYAL, 13 ET 17, GALERIE D'ORLÉANS

—

1861

LE

BRANLE-BAS EUROPÉEN

Bataille ! Peuple français, bataille ! Allons, puisqu'il le faut, ceins tes reins, éternel conscrit, agrafe ton ceinturon, boucle ton sac, et va faire, baïonnette en avant, le tour de l'Europe.

Où le père a passé, passera bien l'enfant.

Bataille donc ; mais avec qui ? pour qui ? pourquoi ? contre qui ?... Ah ! voilà la question.

Chose à noter , toute l'Europe est en armes, et chacun se défend de vouloir attaquer le voisin.

— Moi, dit l'Autrichien, j'ai six cent mille hommes sur pied et pas un traître swanzig pour les payer. Je ne peux pas doubler les impôts ; le baron de Bruck n'a rien laissé à faire à ses successeurs, et quand il eut tout épuisé, de désespoir il se coupa la gorge. Encore si je pouvais payer mes soldats en papier-monnaie, ce ne serait que demi-mal, mais j'ai des milliards d'assignats sur toutes les places publiques de l'Europe, et mes pauvres métalliques n'ont plus cours qu'à Bruxelles. A Vienne même les apprentis cordonniers s'en servent pour allumer le feu. Jugez par là si j'ai envie de chercher querelle au voisin. Mais ces Italiens sont incorrigibles ! Sous ombre que je les ai bâtonnés et pillés pendant trois siècles, ils me cherchent querelle à tout propos. Ils m'insultent dans leurs journaux, ils s'assemblent en parlement pour me dire des injures, ils me montrent le poing, ils me menacent de leur Garibaldi. Ah ! les brigands ! Si ce n'était la crainte du redoutable ami qu'ils ont au-delà des Alpes, avec quel plaisir je les pousserais, la baïonnette dans le dos, de Milan à Florence, de Florence à Naples, et de Naples à Reggio, sans oublier Ancône et Bologne ! En attendant, il faut que je garde deux cent mille hommes l'arme au bras sur le Mincio pour contenir ces drôles : si je désarmais aujourd'hui, demain, aidés de la France, ils entreraient à Venise comme en 1848 ; mais que la France désarme, et, ne craignant plus rien, je renverrai mes Croates dans leurs foyers.

Et moi, dit le Prussien, croyez-vous que ce soit pour mon plaisir que je fais fondre des canons, que je fais rayer des fusils, aiguiser des sabres, construire des forteresses, et que je dépense en munitions de guerre le plus clair de mon revenu? Point du tout : mais pour l'honneur de la patrie allemande il faut que mon ami l'Autrichien (que je déteste d'ailleurs de tout mon cœur et qui me le rend bien), monte là garde dans Venise. Il n'y a pas de meilleur moyen de défendre Berlin que de menacer Milan, et pour être maître chez soi, il faut avoir le pied dans la maison d'autrui. D'ailleurs, si j'aide l'Autrichien à garder Venise, il m'aidera à prendre le Holstein, que le Danois opprime d'une façon abominable. Entre nous, ma Prusse est mal faite : elle est longue comme une vieille Anglaise ou comme le fourreau d'un sabre, elle est tortue, elle est bossue, elle est coupée en deux par la Hesse ; on ne sait où est la tête ni où est la queue, ni si elle a une tête et une queue ; tout le monde peut entrer chez moi à volonté ; j'ai une marine pour rire et des ports de mer qui sont gelés la moitié de l'année ; on m'a donné Posen pour me brouiller avec les Polonais, et Cologne pour me brouiller avec la France, et l'on ne m'a pas donné le Hanovre qui m'allait comme un gant et qui ne m'aurait brouillé avec personne. A peine m'a-t-on laissé un petit morceau de la Saxe. C'est une perfidie de ce vieux renard de Metternich que le ciel confonde ! Mais enfin, tel que je suis, en m'arrondissant un peu, en prenant le reste de la Saxe, ce qui me mènerait aux montagnes de Bohême, la Hesse-Cassel qui est sur mon chemin, le Mecklembourg qui n'est pas loin de moi et le Holstein qui a des ports sur la mer du Nord, je trouverais encore mon destin supportable. Tout au moins, pourrais-je dès à présent faire respecter l'honneur allemand, le droit allemand, le patriotisme allemand et envoyer quarante ou cinquante mille hommes à Kiel. Mais quoi! si je fais un pas dans cette direction, le Danois va crier qu'on l'écorche et appeler à son secours le redoutable ami qui est au-delà du Rhin, et qui me regarde en silence. C'est ce regard et ce silence qui m'effraient et qui me font mettre sur pied mon infanterie et ma cavalerie, et mon artillerie, et ma landwehr, et qui m'empêchent de dormir. Que la France désarme, et je renverrai ma landwehr, et je continuerai de rêver, sans rien dire, qu'on m'offre la couronne d'Allemagne.

Mais c'est l'Anglais qu'il faut entendre. Celui-là est le plus curieux de tous. — Moi, dit-il, je suis pour la paix, — la paix mère du coton et de la banknote, mère des arts et de l'industrie, — (lisez Adam Smith expliqué par Bright et Cobden). Je veux la paix, donc je dois me préparer à la guerre. *Si vis pacem, para bellum*, c'est Aristote qui l'a dit, ou quelque autre. La France a beaucoup de soldats, donc nous devons avoir beaucoup de vaisseaux. Cela est clair, car le vaisseau est l'équivalent du soldat, et c'est pour cela que nous l'appelons *homme de guerre, man of war*. Bright dit que nous en avons trop, et que cela coûte cher, mais Bright n'a pas le sens commun, car les bonnes choses coûtent toujours cher, et la gloire est une bonne chose, et il n'y a rien de plus glorieux que d'avoir un gros budget; c'est un signe certain qu'on est riche puisqu'on peut payer beaucoup, et qu'on est généreux puisque l'on consent à payer beaucoup, et ce procédé est d'un vrai gentleman, et voilà pourquoi Bright qui est cancre et fesse-ma-

thieu et non pas gentleman, veut toujours rogner le budget.
Il ajoute, ce Bright, que nous cherchons à vous faire peur
pour vous détourner de vos affaires intérieures et de la
réforme électorale, mais il ment comme un chien, et voici
comment. N'avons nous pas proposé la réforme au Parlement, il y a deux ans? Vous vous en souvenez? Et les très-
honorables membres de la chambre des Communes n'ont-
ils pas bâillé en écoutant John Russell, et John n'a-t-il
pas bâillé lui-même en leur parlant, et n'a-t il pas dit, en
levant les épaules : « Ma foi, si vous ne vous souciez pas
de mon projet, je ne m'en soucie guère non plus. » Et quand
John parle, ne devons-nous pas le croire, excepté s'il me
donne un démenti, ce qui arrive quelquefois, et dans ce cas,
il faut nous croire tous les deux. Entre nous, d'ailleurs,
réformer le Parlement, n'est-ce pas avouer qu'il est mal
conformé, et que ce n'est pas à la chambre des Communes
que vont les plus honnêtes gens du royaume? Franche-
ment, est-ce une chose qu'on puisse dire à des gentlemen,
ou se dire à soi-même? Peut-on dire à des gentlemen :
« Messieurs, allez-vous-en, vous êtes malhonnêtes, ou vous
êtes stupides, ou vous êtes l'un et l'autre à la fois? » Et
n'est-il pas clair qu'on m'engagerait moi-même à partir au
pas accéléré, et à quitter mon ministère, et à priver le
peuple anglais de mes services? Donc, il faut laisser de
côté la réforme qui ne plaît pas aux gentlemen ; donc, il faut
voter le budget ; donc, il faut avoir trois fois plus de vaisseaux que les Français, et quand nous en aurons trois fois
autant, nous en construirons dix fois davantage, et ainsi

de suite, jusqu'à ce qu'un des deux peuples crève sous le poids de la dette et de l'impôt, et peut-être tous les deux ; et c'est le seul moyen de prévenir l'invasion française, l'incendie de Londres et le massacre de nos femmes et de nos enfants et la perte de notre liberté.

A notre tour, maintenant. Écoutons un peu ce qu'on dit. On veut la paix, cela va de soi, et je crois volontiers ceux qui nous le disent ; car, premièrement, ils n'ont aucun intérêt à la guerre, et, secondement... Mais cette première raison est bien suffisante. S'il s'agit de gloire, Dieu merci, nous en sommes couverts, et nous en avons à ne savoir où la mettre. Magenta, Melegnano, Solférino, Palikiao, Traktir, l'Alma, Inkermann, que sais-je encore? Russes, Autrichiens, Chinois, Cochinchinois, tous nous cèdent le pas, et le drapeau tricolore a flotté sur Athènes, Constantinople, Rome et Pékin, les quatre plus vieilles capitales du monde. S'il s'agit d'influence et de prépondérance, c'est encore mieux, et nous avons réalisé le rêve du grand Frédéric, qui disait : « Si j'étais roi de France, il ne se tirerait pas un seul coup de canon en Europe sans ma permission. » L'Europe même est devenue trop petite pour nos armes et nous allons chercher des ennemis jusqu'aux antipodes. Le roi de Siam fait couper le cou à un évêque espagnol ? Bon ! nous partons pour la Cochinchine et nous enfonçons nos baïonnettes dans le ventre des Cochinchinois, pour leur apprendre à vivre. Un consul anglais se fait mettre à la porte de Canton ? Les Jésuites vont prêcher notre sainte religion sur les bords du fleuve Bleu, le roi des fleuves, et se font mettre en prison? Vite nous envoyons en Chine douze ou quinze mille soldats; nous marchons côte à côte avec les Anglais, nous remportons quatre ou cinq victoires, nous faisons tuer ou estropier deux ou trois mille soldats et matelots (dont la vie et les membres valent mieux que tout le Céleste-Empire, dût-on y joindre le Japon, Java, Sumatra et les îles de la Sonde); nous disons la messe dans Pékin, et nous revenons contents d'avoir montré qu'on n'attaque pas impunément les Jésuites français... en Chine. De plus, le frère aîné de la lune, cousin-germain du soleil, nous promet 60 millions, ce qui fait à peu près le tiers de ce que nous avons dépensé dans l'affaire. Glorieuse victoire! Mauvais placement!

Et en Asie, qui a sauvé les Maronites des Turcs? Et qui a sauvé les Turcs des Russes? Et en Italie, qui est-ce qui garde le Pape contre les Italiens, et les Italiens contre les Autrichiens? Nous, toujours nous, nos soldats et nos millions. Notre armée est la gendarmerie et notre budget le budget du globe terrestre.

Or ça, voilà bien de la gloire, et bien de l'influence, et bien de la prépondérance. Voyons un peu ce que nous coûtent toutes ces belles choses. Pour la guerre de Crimée nous avons emprunté quinze cents millions. Pour la guerre d'Italie, cinq cents millions. La Chine, au plus bas mot, nous coûtera bien cent millions, et la Cochinchine soixante à quatre-vingts. Mettons quinze millions pour l'expédition de Syrie et trois cent cinquante millions pour l'honneur que nous avons depuis douze ans de monter la garde autour du Saint-Père. Cela fait :

Crimée	1,500	millions.
Italie	500	—
Chine	100	—
Cochinchine	60	—
Syrie	15	—
Rome	350	—
Total	2,525	millions.

Deux milliards cinq cent vingt-cinq millions, voilà ce que nous coûtent la gloire, l'influence et la prépondérance.... C'est cher.

Soyons indulgents, et retranchons si vous voulez trois cent vingt-cinq millions, soit sur l'emprunt d'Italie, qui n'a pas été employé tout entier à gagner les batailles de Magenta et de Solferino, soit sur Rome, soit sur la Chine et la Cochinchine, car je ne me pique pas de savoir à un centime près le total de ces belles expéditions. La Cour des Comptes seule peut le savoir. Malheureusement ses calculs, qui ne deviennent publics que deux ans après qu'on a dépensé notre argent, ne sont pas d'une grande utilité. Qui diable se soucie aujourd'hui du budget de 1858 ou de 1859 ?

Oui, soyons indulgents, et supposons que la France en

soit quitte pour deux milliards deux cent millions. La conquête de l'Algérie n'a pas coûté plus cher ; et Alger, c'est un monde, c'est. l'Afrique du Nord, c'est la porte d'un continent, c'est un pays aussi grand que la France et plus fertile ; Alger fait face à Toulon et à Marseille, il inquiète Malte et Gibraltar ; Alger donne du blé, de l'huile, du coton, des soldats même ; on a vu les Turcos à l'œuvre et l'Autriche en frémit encore. Mais quel profit tirerons-nous jamais de la Syrie, de la Chine et de la Cochinchine ? Je ne dis rien de Rome, où nous avons le rare avantage de déplaire également à tous les partis.

Je n'ai parlé que des millions. Que serait-ce si je parlais des hommes, de nos pauvres conscrits, nos amis, nos parents, nos frères, qui vont sous tous les climats, insensibles à la mitraille et à la mort, faire respecter le nom de la France ? Ah ! que nos plaies d'argent sont peu de chose en face de ces blessures toujours saignantes que fait dans les familles le bulletin de victoire le plus glorieux ! Tant de voyages aux pays lointains, tant de combats, la fièvre, le choléra n'ont-ils enlevé que cent trente mille hommes à notre héroïque armée ? Cent trente mille hommes tués sur le champ de bataille ou mourant aux ambulances, cent trente mille familles en deuil depuis dix ans, dites, est-ce assez pour la gloire de la France ? Que l'Empereur interroge la nation, et il entendra la réponse.

Donc, le gouvernement français veut la paix, je le crois. C'est notre intérêt ; c'est le sien. L'argent qui coule dans ses poches et qui semble se perdre dans un gouffre sans

fond, c'est le sien, je le veux bien, mais c'est aussi le nôtre, et nous y tenons, nous bourgeois, ouvriers et paysans
à qui l'impôt enlève le plus clair de notre travail. Que nous
importent ces discours éclatants dont se paient trop faci-
lement nos députés, si nous voyons nos écoles primaires et
nos églises tomber en ruines dans les campagnes ; si nos
enfants n'apprennent point à lire ; si nous n'avons point
d'argent pour fumer nos terres, pour élever nos bestiaux,
pour refaire nos maisons couvertes de chaume, si nos chemins vicinaux sont mal entretenus ; si nos marais ne sont
pas desséchés.

Faut-il le dire ? Au train dont nous allons, avant quinze
ans, avant dix ans peut-être, la dette publique de la France
égalera celle de l'Angleterre ; mais les Anglais peuvent
payer, eux ; ils exploitent l'univers. Où n'ont-ils pas des
comptoirs et des banques ? Où n'achètent-ils pas du coton ?
Où ne vendent-ils pas des cotonnades ? Le monde leur paie
tribut comme aux Romains ; tribut volontaire, je le veux
bien, mais nécessaire, et auquel nul peuple n'échappe. Et
nous, quelle ressource avons-nous ? La Guadeloupe, la
Martinique, deux sous-préfectures qu'on garde par honneur et pour ne pas abandonner nos compatriotes, mais
qui coûtent dix fois plus qu'elles ne rapportent ; l'Ile
Bourbon, qui est une station sur la route de l'Inde où nous
n'allons jamais ; Taïti, où nous avons payé si cher les
fioles d'un marchand de bibles qui donnait des lavements
à la reine Pomaré ; Alger, qui vaudra quelque chose plus
tard, mais qui coûte soixante millions par an, et qui n'a

fait jusqu'ici que la fortune de trois ou quatre Marseillais. Est-ce là de quoi payer les milliards que nous avons empruntés depuis dix ans, et ceux que nous emprunterons encore si nous n'y prenons garde?

Hier, un banquier me disait : la paix est certaine ; et comment ne le serait-elle pas? La rente ne se soutient plus que par un miracle d'équilibre. Au premier coup de canon tout va dégringoler. Pour se battre il faut de l'argent, — beaucoup d'argent ; il en faut même pour rester en paix, où le prendra-t-on? Les premiers emprunts de Crimée furent souscrits avec joie. L'argent abondait. De toutes les poches, de toutes les cachettes des vieux murs sortirent les vieux écus amassés sou à sou, et par un hasard assez extraordinaire l'affaire fut bonne pour l'emprunteur et bonne aussi pour le prêteur. A la guerre d'Italie, ce fut mieux encore ; la spéculation et le patriotisme se mêlant à doses égales, on offrit des milliards. Très-bien, mais ne vous y fiez pas trop.

Ce n'est qu'un banquier, je l'avoue, mais il a raison, tout banquier qu'il est. L'argent qui sert à payer la poudre, les balles, les sabres, les fusils, les canons, les gibernes, l'infanterie et la cavalerie, serait bien plus utile dans nos fermes et dans nos fabriques. Si l'État emprunte à cinq pour cent (c'est le taux du dernier emprunt), le public, qui n'offre pas les mêmes garanties et qui ne peut pas hypothéquer la France, empruntera à sept et à huit pour cent, peut-être à dix et à douze. En vain vous faites des lois contre l'usure ; nécessité n'a point de loi, et l'usurier même, en certain cas, devient le bienfaiteur de ceux qu'il rançonne.

Vous croyez peut-être, — quand je rappelle si longuement toutes les bonnes raisons qu'on a de ne point se battre, — que je me défie des intentions secrètes du gouvernement ? Point du tout ; mais je veux qu'il connaisse les vrais sentiments de la nation, et qu'il ne se laisse pas traîner à la remorque du premier venu, Cavour ou Garibaldi, chaud partisan, et pour cause, du principe des nationalités.

C'est là qu'est le danger. Que les Italiens aient l'Autriche en horreur, qu'ils exécrent la race allemande, la bureaucratie allemande, la police allemande, l'armée allemande, la brutalité allemande, qu'ils se souviennent d'un siècle et demi de tyrannie atroce et stupide, des massacres, des fusillades, des prisons éternelles, des bastonnades sans limites, de tout ce qui avilit et exaspère un peuple ; qu'ils se rappellent le sac de Brescia, l'incendie de Vicence, les hommes égorgés sans jugement, les femmes livrées aux Croates ; qu'avec tous ces souvenirs ils passent le Mincio, l'Adige et la Brenta, qu'ils entrent baïonnette baissée dans Vérone, dans Padoue, dans Venise, qu'ils jettent dans l'Adriatique jusqu'au dernier des Benedeck ; certes, l'Europe entière applaudira et peut-être les aidera ; mais s'ils attendent pour combattre que l'armée française leur montre le chemin, s'ils hésitent, s'ils se tâtent, si Cavour retient Garibaldi, et si Garibaldi lui-même regarde en arrière et se borne à redemander

Nice et Rome, pourquoi ferions-nous à nos frais la besogne d'autrui? Pourquoi paierions-nous de notre sang la liberté de l'Italie? Pourquoi n'imiterions-nous pas le calme et la sérénité des Anglais, qui savent si bien dire au matin de la bataille : « *Ni un homme, ni un penny.* »

Si l'Italie veut fermement la liberté, elle l'aura. Nulle armée, pas même la nôtre à qui rien ne résiste, ne peut vaincre vingt-cinq millions d'hommes unis et décidés à vivre libres.

Mais qu'elle ne compte plus sur nous. C'est assez de Magenta et de Solferino. A l'ombre de l'épée de la France les Italiens se sont unis sous les yeux de l'Autriche frémissante; qu'ils n'en demandent pas davantage, et qu'ils achèvent seuls l'œuvre si heureusement commencée ; — ou s'ils n'osent, qu'ils s'effacent eux-mêmes du rang des peuples libres, et qu'ils retournent docilement sous le joug des Teutons. Ce conseil n'est pas d'un ennemi, ni d'un indifférent; il est d'un ami sincère. Un peuple qui brise ses fers est libre. Un peuple qu'on délivre est l'esclave du libérateur, et par une ingratitude presque naturelle, devient bientôt son ennemi.

Et nous, rentrons chez nous. Il est temps. Tâchons de régler nos affaires intérieures, qui ne vont que d'une aile ; ne crions pas contre l'Autriche, qui jamais ne nous fit le moindre mal, et négligeons quelque temps la Hongrie, et les Roumains et les Serbes, et les Bosniaques, et la Bukowine et l'Herzégowine, et les Ruthènes et les Toulitches, et même l'héroïque Pologne, qui renaît de ses cendres.

Travaillons tranquillement chez nous, dans nos champs et dans nos ateliers, sans aucun souci du voisin ; renvoyons dans leurs foyers cent cinquante ou deux cent mille hommes, qui ne demandent pas mieux ; payons nos dettes urgentes, construisons quelques milliers de kilomètres de chemins de fer, et quand nous aurons fait des économies, dans quinze ou vingt ans, si vous voulez, et si l'occasion est favorable, eh bien ! je ne m'oppose pas à ce que vous donniez la liberté aux habitants de Bagdad ou de Samarkhand.

Voilà ce que vous ferez si vous êtes sages ; mais si la passion de délivrer le prochain et de promener dans tout l'univers le drapeau tricolore l'emporte, si Cavour vous persuade, si Garibaldi vous entraîne, si rien ne peut vous retenir, allez donc en avant, armez-vous, combattez, faites-vous tuer, mais pour la France aussi bien que pour l'Italie. L'Italie redemande ses frontières naturelles ; redemandez les vôtres. Elle redemande Venise et Trieste ; redemandez la Belgique et le Rhin.

Et soyez tranquilles, les prétextes ne vous manqueront pas ni les raisons. Regardez de quel air, avant même qu'on pense à lui, le roi de Prusse fourbit son sabre allemand, et la fière tournure du roi de Bavière, quand il offre d'occuper le Tyrol et qu'il rêve de venger son gendre de Naples. Croyez-vous, si leur courage avait égalé leur haine, qu'en 1859 ils fussent restés neutres ? Croyez-vous, si l'Angleterre et l'Autriche donnaient aujourd'hui l'exemple, qu'un seul de ces petits princes, qui, depuis si longtemps grognent sans oser mordre, se fît prier pour nous sauter à la gorge? Ce qui les retient, ces héros, c'est la baïonnette de nos fantassins, baïonnette aiguisée, baïonnette resplendissante au soleil, baïonnette sublime, qui défend partout le faible et l'opprimé, baïonnette invincible, au bout de laquelle est la liberté de l'Europe !

Ce qui les retient, ces margraves, c'est le souvenir du passé, et la crainte de l'avenir. Ils se souviennent, ces rois et ces grands ducs, qu'en 1792, ils entrèrent en France comme des lions rugissants et qu'ils en sortirent plus vite que des lièvres poursuivis. Combien d'entre eux, rentrant dans leurs États, virent les Français qui montaient la garde à la porte des palais ducaux et électoraux, et les bourgeois joyeux des bonnes villes du Rhin qui chantaient *la Marseillaise* et criaient pour la première fois : Vive la liberté! Et quand, après vingt-cinq ans de guerre, ils furent entrés en France à la suite de Napoléon vaincu, leurs soldats mêmes, si sages et si bien disciplinés, qui ne connaissaient autrefois que la parade et la charge en douze temps, ne retournèrent-ils pas en Allemagne avec un violent désir d'imiter cette France, dont les abominations, au dire de toute l'aristocratie européenne faisaient frémir la nature et la société? Et n'est-ce pas de ce temps que datent les conspirations et les insurrections, et les parlements, et les élections, et les journaux, et cette horrible démangeaison de parler et d'écrire qui ne laisse plus aucun repos aux maîtres de la terre?

C'est ainsi que vainqueurs ou vaincus, les margraves et burgraves ont payé les frais de toutes les guerres. Vaincus, ils perdaient leurs États, vainqueurs, ils perdaient les plus beaux droits de leurs couronnes, j'entends par là les droits féodaux, les dîmes, les corvées, les redevances seigneuriales, et le privilége de louer leurs soldats aux marchands anglais pour l'Amérique ou pour l'Inde (1,500 francs par homme tué ; 600 francs par estropié. C'est le taux de 1780). Mais enfin les listes civiles leurs restent, et tant qu'il y aura des listes civiles, margraves de Brandebourg et d'Oldembourg, de Hesse, de Bavière et de Nassau, vous n'aurez pas trop sujet d'accuser la Providence qui vous a fait margraves et non pas sujets des margraves.

Donc ils se tiendront en repos, ces grands princes, songeant combien Mayence est bonne ville, abondante en jambons et en vins d'archevêque, avec sa cathédrale sœur de Strasbourg, et son pont sur le Rhin ; combien Worms est antique et belle, avec son hôtel-de-ville, où logeaient autrefois les successeurs de Charlemagne ; combien Cologne est forte citadelle et plus voisine de Paris que de Berlin. Ils se tiendront en repos, je le crois, jusqu'à ce que l'Angleterre les paie et les pousse au combat ; jusqu'à ce que l'Autriche, qui s'écroule, les entraîne, et, pour garder Venise qui est italienne, jette par dessus bord les Allemands de la rive gauche du Rhin. Ce jour-là vous verrez une belle bataille, quand la vaste et profonde Germanie poussera sur nous en aveugle ses épais bataillons ; vous entendrez le bruit sourd et puissant des canons et le sifflement des boulets, et vous verrez les grappes de mitraille éclater dans la mêlée et renverser des rangs entiers ; et les chevaux, se cabrant sous les balles, jetteront à terre leurs cavaliers couverts de puissantes cuirasses ; et les fantassins des deux armées, les yeux étincelants d'une fureur guerrière, s'aborderont à la baïonnette, du fer heurtant le fer, couvriront le champ de bataille de blessés et de mourants. Héros des temps anciens, qu'on a vantés si souvent, nos exploits seront dignes des vôtres, et nous massacrerons comme vous les hommes par milliers, et nous aurons comme vous des statues, et, vainqueurs ou vaincus, nous léguerons comme vous à nos enfants des haines inexpiables.

Est-ce là ce que vous voulez, amis et concitoyens, et la rive gauche vaut-elle ce massacre de deux grands peuples, dont l'issue même est si incertaine ? Qui oserait le dire ? Et si Mayence et Cologne vous semblent trop chères à ce prix, que sera-ce de Venise et de Trieste, qui ne nous appartiendront jamais ? Rentrons chez nous, amis, et laissons l'Italie seule affronter l'Autriche. Les forces sont égales, mais Dieu et le temps combattent pour l'Italie. Et si l'Allemagne intervient dans ce duel, si les margraves l'emportent et poussent le peuple allemand jusqu'au Mincio, il sera temps alors de tirer l'épée, et si le destin nous conduit au Rhin, de planter le drapeau tricolore sur la cathédrale de Cologne.

Ce jour-là, il est vrai, et peut-être longtemps auparavant, nous retrouverons les Anglais et leur amitié si fidèle. Qu'ils nous voient les mains liées sur le continent, et vous verrez avec quel zèle ils viendront défendre contre nous la liberté de l'Europe. Entendez dès aujourd'hui les cris de leurs journaux, et remarquez comme leur ton a changé depuis un an. En ce temps-là, l'Angleterre se faisait humble et désarmée, elle n'avait, au dire de Charles Napier et de Palmerston, ni soldats ni marine ; ses vaisseaux de guerre pourrissaient dans les ports, ses frégates étaient hors de service, ses arsenaux étaient vides et son armée gardait l'Inde. Aujourd'hui, tout est changé, et Palmerston parle haut. Cinq ans de préparatifs immenses ont accumulé dans ses ports des ressources prodigieuses. Elle a deux escadres dans la mer Méditerranée, — l'une pour Toulon, l'autre pour Alexandrie, — et une flotte à Spithead Celle-ci surveille Cherbourg. Deux autres sont prêtes à prendre la mer. Deux cent mille volontaires, qui croyaient s'armer pour la défense de Londres, gardent les côtes avec quarante mille hommes de vieilles troupes qui ont tenu garnison dans tout l'univers. Trois mille canons armstrong, dont on augmente le nombre tous les jours, forment leur artillerie. A l'embouchure de toutes les rivières on a construit des forts sans nombre, préparé des camps retranchés, et les chemins de fer qui se croisent et s'entrelacent comme les mailles d'un filet, peuvent porter en vingt heures cent mille hommes sur le point où débarquerait une armée ennemie. Oh ! leurs précautions sont bien prises, et de loin ! En 1847, Wellington a donné l'alarme ; et depuis lors, mille orateurs ont répété ces paroles : les uns sincèrement, et craignant pour leur île et pour leur liberté ; les autres, à dessein, et comme on fait souvent en d'autres pays, pour

occuper le peuple anglais et le détourner des réformes intérieures. Qu'ils soient maudits, ceux-là, qui irritent l'or-
gueil des nations pour les précipiter dans la guerre et la
ruine !

Oui, nous aurons ce jour-là l'Angleterre à combattre et
la pesante Allemagne ; l'une, inépuisable en argent, et
l'autre, inépuisable en soldats. Sommes-nous assez forts,
affaiblis par deux guerres si récentes et par tant de petites
expéditions, pour soulever ce lourd fardeau ? Je ne doute
pas de nos soldats ; et qui pourrait en douter ? Le monde
les a vus à Magenta et à Solferino tels qu'il avait connu leurs
pères à Wagram et à Iéna ; mais doivent-ils recommencer
sans nécessité ces guerres prodigieuses où l'on tue en une
seule bataille toute la population d'une grande ville ? Et
s'ils donnent volontiers leur sang pour la patrie, ne doit-
elle pas en être économe et le garder pour sa seule défense ?

Quoi ! dira-t-on, êtes-vous donc partisan de la fameuse
maxime : *chacun chez soi, chacun son droit ?* Non certes ;
mais si l'on obéit aux désirs de l'Italie, si l'on suit Garibaldi ou Cavour, si l'on va délivrer de Venise, la Hongrie
va crier et nous appeler à son secours, et pourquoi laisse-
rions-nous la Hongrie dans les fers ; Teleki n'était-il pas
notre ami, et avant lui, Ragotski, et avant Ragotski,
Mathias Corvin et Jean Hunyad, et toute la longue file
des héros Magyars ? Et si nous délivrons la Hongrie, que
dira la Pologne, bien plus malheureuse, bien plus héroïque, alliée toujours fidèle de la France ? Ne devons-nous
rien à la mémoire de Sobieski, et de Dombrowsky, et de

Poniatowsky et de Kosciusko ? Et s'il faut arracher Posen à la Prusse, Varsovie à la Russie, et Cracovie à l'Autriche, prévoyez-vous où s'arrêtera cette formidable entreprise ? Et que deviendront avant trois ans notre dernier homme et notre dernier écu ?

Je ne dis rien des chrétiens du Liban qu'il faudra délivrer sans doute des Turcs et des Druses, ni des nègres de la Louisiane et de Cuba qui gémissent sous le fouet des planteurs, ni des Indous qui meurent de faim par la faute des Anglais, ni des Chinois qui ont horreur de leurs maîtres Tartares, ni des Malais de Java qui travaillent pour les marchands d'Amsterdam, ni des neuf dixièmes de l'espèce humaine qui reçoivent tous les jours le fouet ou la bastonnade et dont les cris, dans le silence de la nuit, montent jusqu'aux étoiles et jusqu'au trône de l'Eternel. Faut-il encore délivrer ceux-là, au risque de périr tous dans cette généreuse entreprise ? Et si nous devons être les soldats de la liberté, pourquoi nous arrêterions-nous avant que cette tâche divine soit terminée ? Pourquoi, moissonneurs fatigués, nous reposerions-nous à l'ombre des hêtres, quand la moitié de la récolte est encore sur pied, et avant que le soleil ait disparu derrière l'horizon ?

Ainsi donc, pour rendre à l'Italie ses frontières naturelles, nous aurons sur les bras toute l'Allemagne, et bientôt après, l'Angleterre, dont la Prusse n'est que l'avant-garde : noble dévouement et digne du grand cœur de la France ! Mais si nous devons porter le fardeau d'une telle entreprise, qui nous empêchera d'en réclamer les bénéfices? Quand nous donnons Venise à l'Italie, n'avons-nous pas droit de prendre Bruxelles et Cologne et de rectifier nos propres frontières? Si les Alpes sont un mur, le Rhin est un fossé. Où manque le rempart, le fossé est une sauvegarde. C'est ainsi qu'en jugeait la vieille République française, inhabile aux dépêches et aux protocoles, faible sur les memorandums et les notes diplomatiques, mais ferme dans son droit, et qui tenait dans sa main le sabre le plus tranchant et le mieux aiguisé que l'Europe ait vu depuis les Romains.

— Eh bien ! oui, nous voulons la Belgique et la rive gauche du Rhin, disent beaucoup de gens, bons citoyens sans doute et justement fiers des victoires de la France. Et si l'Angleterre braque sur nous ses canons armstrong, nous ferons alliance avec la Russie, et laissant l'Asie-Mineure au czar; nous prendrons, à la barbe des Anglais, Tunis, Tripoli et l'Égypte, toute l'Afrique du Nord, les côtes d'Abyssinie dans la mer Rouge ; et, donnant les îles Ioniennes à la Grèce, Malte et la Syrie aux Italiens, le Maroc et Gilbraltar aux Espagnols, nous barrerons à ces marchands la route de l'Inde et de la mer Méditerranée.

Et si l'Espagne reste neutre, insensible à Gibraltar et à Ceuta, indifférente à ce continent si voisin de ses côtes, dans lequel elle peut se tailler un empire nouveau, n'avons-nous pas l'Italie, dont la vie même est en jeu dans cette terrible bataille, et avec l'Italie, n'aurons-nous pas Garibaldi l'invincible et son million de baïonnettes? Avec un tel allié, que pouvons-nous craindre ?

—Oui, mes amis, nous aurons Garibaldi et ses dix mille volontaires, nous aurons Cialdini et soixante mille Piémontais ; mais tout le reste de l'Italie, divisé, désuni, inhabile encore à manier un fusil, nous regardera combattre, applaudissant aux grands coups de sabre ; et le plus difficile de toute la besogne retombera suivant l'usage sur nos pauvres soldats. Croyez-vous, si Garibaldi disposait de cinq cent mille baïonnettes, qu'il attendît les zouaves pour entrer dans Venise ? Et s'il les attendait pour livrer bataille, mériterait-il qu'on lui portât secours ? A-t-il hésité à débarquer en Sicile et à Naples ? A-t-il attendu l'occasion ? C'est qu'il connaissait l'ennemi. Croyez-vous qu'il déteste moins les Croates et l'empereur d'Autriche que le roi de Naples ? Non, mais il sait la différence de Benedeck et de Lanza. Et quand il fut à Naples, et que ses volontaires mal exercés se morfondirent devant Capoue, vous souvenez-vous comme il eut soin d'annoncer ses projets sur Rome ? De quoi Cavour, feignant de s'alarmer, envoya l'armée piémontaise à son secours, et Garibaldi sortit de Naples et revint à Caprera comme un Cincinnatus, enchanté d'ailleurs que Cialdini voulût bien le tirer d'embarras. Il est brave, ce héros, mais il est rusé comme un Italien, et soyez sûrs, qu'à moins qu'il n'espère entraîner la France, il ne dégaînera pas de longtemps.

Et maintenant, ô citoyens, frères et amis, petits-fils de ceux qui vainquirent à Jemmapes et traversèrent l'Europe au pas de charge, portant partout la justice et la liberté, ne croyez pas que nous craignions rien pour la

France, moi et tous ceux qui veulent vous détourner de la guerre et des conquêtes. La nation française, grâce à Dieu, n'est pas de celles sur qui l'on porte impunément la main. Nous ne craignons ni l'invasion ni la défaite, ni les lourds cavaliers de l'Autriche, ni sa vieille infanterie, que nos soldats ont vue face à face sur tant de champs de bataille, ni les trente armées de l'immense et multicolore Allemagne, ni les Anglais et leurs canons armstrong et leurs flottes qui couvrent l'Océan ; seule contre tous, sous l'œil de Dieu, la France commencerait le combat sans peur. Ameutés contre elle en 1792, hérissés, le feu dans les yeux, les crocs ensanglantés, ils voulurent la dévorer ; mais elle, blessée dans le dos par le terrible poignard de la Vendée, désarmée de sa flotte, que des traîtres livrèrent aux Anglais, affaiblie par le sang versé, mais terrible, superbe et frémissante, elle courut sur ses ennemis et les fit reculer tremblants jusqu'au pôle. Elle donna ses enfants par centaines de mille et son argent par milliards, mais Dieu même était avec elle, Dieu juste, Dieu puissant ; l'épouvante marchait devant elle, et pendant un temps, l'Europe se tut devant les armées de la République.

Voilà les guerres légitimes, les guerres de la liberté, où l'on ne doit ménager ni les soldats ni l'argent ; et je connais bien mal la France, ou un appel de ce genre enverrait aujourd'hui même et sans murmure un million d'hommes à la frontière. Mais qui donc aujourd'hui en Europe menace notre liberté ? qui donc a le cœur assez ferme, assez hardi pour provoquer la France ? Et s'il s'agit pour nous de faire des conquêtes, qui donc oserait nous lancer dans une guerre interminable et répondre devant Dieu du massacre d'un million d'hommes ?

Ah ! si tout le sang versé depuis soixante siècles pour la gloire des conquérants était réuni au même endroit, l'Océan lui-même, l'Océan immense, profond, insondable, s'y noierait comme une goutte d'eau dans la Seine ; et si toutes les pièces d'or dépensées dans ces guerres sacriléges étaient ajoutées bout à bout sur mille de front, on en ferait une ceinture capable d'entourer trente fois les reins robustes de la terre ; et si tous les cadavres étaient empilés l'un sur l'autre, si tous les hommes égorgés, toutes les femmes éventrées, tous les enfants brisés contre la muraille par les héros dont regorge l'histoire des peuples, étaient réunis en un seul tas, cette pyramide de cadavres monterait jusqu'au soleil et débordant au delà de Sirius irait rejoindre la constellation d'Hercule dans les plaines infinies du ciel. Et si toutes les maisons brûlées par ordre de ces guerriers sublimes étaient aujourd'hui reconstruites, la terre entière serait comme une ville et chacun de nous aurait devant sa porte un jardin et un pré, des vaches, des brebis, des oies, des poules, le travail et le bien-être assurés, et chaque soir, au coucher du soleil, pourrait sourire avec joie à sa femme et à ses douze enfants comme le patriarche Jacob, petit-fils d'Abraham.

Hélas ! ces jours bénis sont encore bien loin de nous, grâce aux hommes d'État et aux politiques qui gouvernent l'Europe et qui pensent bien moins au bonheur des peuples

qu'à reculer des frontières et à mettre la main dans les
affaires d'autrui. Ah ! que leur ambition est vaine au prix
de celle dont nous devrions tous être possédés ! Ce n'est
pas la Belgique seule et la rive gauche du Rhin, ni l'É-
gypte et la Syrie, ni l'Afrique du Nord, ni une portion
quelconque de cet hémisphère que je voudrais annexer à
la France, c'est le globe terrestre et le genre humain tout
entier. Je voudrais que Paris devînt la métropole des nations ; je voudrais que de toutes les extrémités du monde
tous les savants, tous les inventeurs, tous les hommes uti-
les, tous les hommes de bien fussent assurés de trouver
dans Paris une généreuse hospitalité, qu'on se fît honneur
de les recevoir en citoyens de la grande ville, que notre
nation, à qui Dieu a donné par dessus toutes choses le goût
de la justice et de la liberté et un glaive incomparable
pour défendre ces deux sœurs immortelles, saisît enfin le
sceptre et ne se laissât devancer par aucune autre dans le
chemin de la vérité ; je voudrais qu'abaissant toutes les
barrières, supprimant toutes les douanes, proclamant toutes les libertés, respectant toutes les religions, admettant
tous les cultes, ouvrant ses portes à tous les hommes,
la race gauloise, digne de sa destinée, confiante dans sa
force, appuyée sur la justice, pût enfin réaliser sur la terre
la divine formule de la Révolution :

LIBERTÉ, ÉGALITÉ, FRATERNITÉ.

Dites, cette annexion volontaire et pacifique, ou plutôt

cette union fraternelle de tous les hommes en une seule nation, où la France, grâce à son cœur et à son génie, occuperait la première place, ne vaut-elle pas bien ces conquêtes insensées où le sang des hommes coule et déborde comme l'eau des fleuves, et où les peuples apprennent la haine et toutes les passions furieuses? Ne souriez pas, ne dites pas que cette union est impossible, que les hommes se sont égorgés de tout temps et s'égorgeront jusqu'au jour où sonnera la trompette de l'archange ; les morts vont vite aujourd'hui, et nous avons bientôt perdu le souvenir des vieux abus et des tyrannies antiques ; mais si rapides que soit leur course vers les abîmes profonds de l'oubli, nous savons encore combien de choses ont croulé depuis un siècle, qui semblaient indestructibles et bâties sur le granit et cimentées du ciment des siècles, et nous avons appris à mesurer la chute prochaine des obstacles qui gênent encore la marche du genre humain.

Laissons la guerre aux tyrans. La liberté, la paix et le temps font pour nous plus que le sabre.

FIN